Mit Charisma zum Erfolg

Mit Charisma zum Erfolg

Wirksame Texte für dein Unternehmen
Ein Arbeitsbuch

Eva Laspas
&
Stephanie Mertens

Urheberrechte © 2019 Eva Laspas und Stephanie Mertens
ISBN978-3-9504754-0-1
Verlag Laspas, Polgarstr.13E/7, 1220 Wien, Österreich, www.laspas.at
Layout: Tanja Kiss, www.einfachkiss.at
Cover: Verena Sati, www.verenasati.de

Inhalt

Was deine Texte über dich aussagen

Liebe Leserin, lieber Leser,
es war an einem schönen Junitag, als Stephanie und ich uns über Skype trafen. Wir spannen ein paar Ideenfäden für ein gemeinsames Projekt.

Sie hatte gerade ihren Kurs **„Charisma – Persönliche Ausstrahlung als Erfolgsrezept"** (für GründerInnen und Selbstständige, die an sich arbeiten möchten)" fertig. Etwas in mir sprang dabei gleich an, denn:

Unsere Texte zeigen sehr viel von unserer Lebenseinstellung und unserem Mindset.

Und viele GründerInnen und Selbstständige, bei denen es noch nicht so richtig angelaufen ist, stecken noch im Mindset des „Angestellten".
Hier bedarf es einer Veränderung.

Diese Veränderung in dir zeigt sich dann auch in deinen charismatischen Texten. Texte, die das Herz deiner Leser bewegen. Also haben wir dieses E-Book erschaffen.

Und dabei das Wichtigste für dein Charisma und das für deine Texte aus unseren Programmen herausgenommen und zu etwas Neuem verwoben.
Damit du dich auskennst, welcher Teil von wem ist – haben wir einen Schriftcode benutzt:

Arial ist Stephanies Teil, *Abel meiner.*

Das Buch ist teilweise ein Arbeitsbuch, teilweise ein Lesebuch der Erkenntnisse. Du darfst dir daher genügend Zeit nehmen. Veränderungen an uns selber passieren nicht von heute auf morgen.

Die Struktur ist daher auch so angelegt, dass du zuerst an dir arbeitest, dann Tipps für deine Texte bekommst.

Bei Fragen stehen wir dir gerne zur Verfügung. Ich, Eva, für die Teile in dieser Schrift (Abel), **Stephanie für diese Teile (Arial).**

Text ist Kommunikation. Und Kommunikation beginnt bei uns selber.

Deine
Eva Laspas und **Stephanie Mertens**

Deine Situation:

Du hast dich selbstständig gemacht. Das ist toll! Meinen Glückwunsch!

Das Selbstständigsein ist eine enorm bereichernde Form zu arbeiten und zu leben. Sie ist allerdings auch anders. Anders, als im Angestelltendasein.

Besonders, wenn du als EinzelunternehmerIn unterwegs bist, stellen sich dir viele Herausforderungen, und nicht alle liegen dir gleichermaßen.

Du bist also von Anfang an gefragt Entscheidungen zu treffen. Du musst deine Stärken und Schwächen kennen, an dir arbeiten, dich weiterentwickeln. Nebenbei sollst du Kunden für dich und deine Arbeit gewinnen und vielleicht auch schon die ersten Mitarbeiter führen.

Wie geht es dir damit?

Erlebst du deine Entwicklung linear aufsteigend nach oben?

Vermutlich nicht. Sehr wahrscheinlich erlebst du immer wieder Momente von Feststecken, von Hilflosigkeit und auch Überforderung.

Bei manchen mehr, bei anderen weniger.

Ganz oft habe ich beobachtet, dass es gerade am Anfang einer Selbstständigkeit ein halbes Jahr oder auch länger dauert, bis der Betreffende sich in der Rolle eines Selbstständigen bewusst wahrgenommen hat.

Nur weil der Schritt in die Selbstständigkeit gemacht ist, ist man nicht sofort auch fertig als UnternehmerIn.

Gerade bei Frauen hat diese Erfahrung vielfach eine Unsicherheit und viele Selbstzweifel zur Folge.

„Wir sind, was wir denken."

Diesen Satz kennst du sicher. Auch wenn ich dem Satz nicht zu 100 % zustimmen möchte, ist doch etwas dran.

Man merkt einfach, ob jemand sich wohl in seiner Haut fühlt, selbstsicher ist, Spaß an dem hat, was er tut. Das wirkt anziehend.
Es ist deine Ausstrahlung, die anderen signalisiert wer du bist bzw. wer du gerade denkst zu sein.

Es gibt eine Lösung!

Die Lösung liegt in dir selbst.

Du bist gut, so wie du bist.

Du tust, was du gut kannst, und was du noch nicht kannst, kannst du lernen.
Du brauchst Zeit, den Glauben an dich selbst, ein Ziel und die Fähigkeit zu handeln.
All das hast du, da bin ich sicher.
Warum?
Weil du sonst nicht diese Zeilen lesen würdest.
Wenn du dies liest, hast du bereits verstanden, worauf es ankommt: Auf dich selbst!

Deshalb arbeiten wir jetzt gemeinsam an deinem Bild. Von dir, von deiner Rolle in der Selbstständigkeit, von deinem Ziel.

Je mehr du dich kennst, je mehr du dich akzeptierst, je mehr du dir vertraust, desto mehr wirst du das ausstrahlen, was auf andere anziehend wirkt. Weil du dich gut fühlst, authentisch in deinem persönlichen Entwicklungsprozess bist, ein Mensch mit einer Botschaft für die Welt, deine Kunden, deine Mitarbeiter bist.

Verbinde das neue Bild von dir selbst mit deinen unternehmerischen Zielen.

Setze deine Energie positiv für deine Kunden und Mitarbeiter ein.

Lass deine Vision lebendig werden und mache sie sichtbar für andere – durch deine Ausstrahlung, dein Charisma!

Notizen:

Deine Ausstrahlung liest man in deinen Texten

Kommunikation und Vernetzung sind heutzutage von großer Bedeutung. Dutzende Informationen stürmen täglich auf uns ein. Hier liegen zugleich Chance und Herausforderung.

Wörter sind machtvoll – im Positiven wie im Negativen.

Sage ich das, was ich wirklich meine?
Oder transportiere ich mit meinen Wörtern und meinem Satzbau widersprüchliche Botschaften?

Wichtig ist, dass die für den Empfänger richtigen Informationen ankommen.

Leider ist mit der stetigen Informationsflut die Qualität der Sprache in den Hintergrund getreten.

Dabei bietet jede Sprache ein außerordentlich großes Potential in Hinblick auf Wortschatz, Wortbildung und Grammatik.

Mit ihr sind feine Ausdrucksformen und genaue Darstellungen möglich.

Achten wir auf unsere Sprache.
In Schrift und Wort.

Jedes Wort wirkt, jeder Laut und jeder Satz. Sprache wirkt und schafft Wirklichkeit.

Jeder Mensch erschafft und gestaltet sich seine Welt und seine Persönlichkeit durch sein Denken, Sprechen und Handeln. Dabei wirken schon kleine, gezielte Änderungen Wunder. Wir können jederzeit damit beginnen und damit einen großen Schatz heben. Es kann ein Beginn sein, der Beginn der Reise zu dir selber.

Erkenne dein Sprachmuster

Mit unserer gewohnten Ausdrucksweise halten wir oft alte Denk- und Verhaltensmuster aufrecht. Diese sind sehr oft leider destruktiv oder wir tadeln uns ständig selber. Mit der gezielten Veränderung der Wortwahl oder des Satzbaus können wir eine ungeahnte und nachhaltige Wirkung auf unser Denken, Sprechen und Handeln herbeiführen.

Wir fangen mit steigendem Bewusstsein für Sprache und ihrer Wirkung an, klar, eindeutig und wohlwollend zu kommunizieren.

Unser individueller Satzbau ist der Baustoff, aus dem unser Leben besteht.

Das gilt fürs Sprechen, aber auch für unsere Texte.

Daher wirken sich deine Ausstrahlung, dein Charisma auf deine Sprache, Texte und dein Unternehmen aus.

Charisma – Was ist das überhaupt?

Brainstorming:
Was ist Charisma für dich?

....

....

....

....

Woran erkennst du Charisma bei anderen?

....

....

....

....

Was bewirkt Charisma deiner Meinung nach?

Einführung ins Thema:

Menschen mit Charisma – der besonderen Ausstrahlung – verstehen es, andere in ihren Bann zu ziehen.

Ist Charisma angeboren? Oder kann man es lernen? – Was meinst du?

Als Begriff bedeutet Charisma so etwas wie „Gottesgabe" (griechisch). Das klingt danach, als würden nur auserwählte Menschen Charisma haben. Manchmal ist es auch so, dass Menschen einfach diese Gabe haben, von Geburt an.

Menschen mit Charisma haben eine eigene Art aufzutreten. Dabei besticht vor allem, dass sie **glaubwürdig** ganz sie selbst sind.

Charismatische Menschen verstehen es, andere mitzureißen, anzustecken und für sich einzunehmen

Ein gutes **Beispiel** für einen Menschen, den wir auch heute noch als charismatisch bezeichnen, gibt Martin Luther King 1963 mit seiner öffentlichen Rede in Washington.

Den Titel dieser Rede kennst du bestimmt, das vielzitierte „I have a dream!".

Er überzeugte die Massen, weil er sich als einer von ihnen gab, einer, der die Botschaft der Menschen verstanden hatte und für alle nach außen trug. Er wurde zum Sinnbild für Arbeit und Freiheit.

Die Wissenschaft müht sich seit Längerem den Begriff Charisma auf den Punkt zu bringen. So ganz ist das bis heute nicht gelungen. Die bisherige **Definition** lautet:

„Menschen mit Charisma zeichnen sich durch ihren Gesichtsausdruck, ihre Körpersprache und Stimme aus."

*Das lässt den Schluss zu,
dass man Charisma erlernen kann!*

Eine gute Möglichkeit sich selbst zu erproben findest du übrigens im Improvisationstheater.

Jede Kultur hat ihre eigene Definition von Charisma.

Warum?
Wenn charismatische Menschen sinnbildlich für etwas stehen, das viele Menschen bewegt, dann geht es um Wert und Überzeugungen, und die sind in den verschiedenen Kulturen entsprechend unterschiedlich.

Menschen, die mit charismatischen Vorgesetzten arbeiten, empfinden ihre Mit-Arbeit als besonders bereichernd. Das ist ein Ansatz, den wir weiterverfolgen wollen.

Rattert es schon bei dir? Dann ist hier Platz für deine Notizen:

....

....

....

....

....

Quelle: u.a. www.zeit.de/zeit-wissen/2015/04/charisma-ausstrahlung-begabung-uebung

Im Folgenden werde ich dir einige **Reflexionsfragen** stellen. Diese kannst du jeweils an meinem Avatar Theo erkennen. Bei der Reflexion hält er dir grafisch die Balance zwischen Leben und Arbeit vor Augen. Der charismatische Theo macht dich auf besondere Aussagen aufmerksam.

Auf Entdeckungsreise

Reflexion: Meine Rolle

Deine aktuelle Rolle als Unternehmer/-in, als Angestellte/-er:
Wie siehst du dich selbst?

Beschreibe dein Outfit:

....

....

....

....

....

Schätze deine Körpersprache ein: Recherchiere – schaue dir
dazu Bilder an

....

....

Wie gibst du dich in der Gesellschaft anderer Menschen?

....

....

....

....

....

Unterscheidest du dabei zwischen Privat und Business?

....

....

....

....

....

Wie würden andere dich beschreiben?

....

....

Gedankliche Reise

Reflexion: Was wünsche ich mir?

Nimm dir 5 Minuten Zeit ohne Ablenkung

Wie möchtest du beruflich auf andere wirken?

....

....

....

....

Was wäre dann für dich anders?

....

....

....

Reflexion: Vergleich

Vergleiche nun deine Ergebnisse aus den Reflexionen

Was ist der Unterschied zwischen dem, wie es ist, und dem, wie du es dir wünschst? (Bewerte es nicht, beobachte nur)

....

....

....

....

....

Welche Probleme hättest du nicht mehr, wenn du bereits dort wärst, wo du hinwillst?

....

....

....

Beende bitte den Satz: „In meiner neuen Rolle …“

Verwende dabei zum Beispiel:

… wäre ich
… könnte ich
… hätte ich
… sollte ich
… dürfte ich
… müsste ich

Dein Satz:

....

....

....

....

....

....

Gelungene Kommunikation mit mir selbst und anderen

Richtig zu kommunizieren bedeutet, dass der andere erkennt, was ich ausdrücken möchte. Doch ehe wir mit anderen sprechen, lernen wir wieder an uns selber:

Die Kommunikation mit dir selbst. Das ist vielleicht überhaupt der Anfang aller gelungenen Kommunikation – die mit dir selbst.

Was meinst du?

Vorteile gelungener Kommunikation sind vielfältig:
- Verhandlungen meistern.
- Kundengespräche optimal abwickeln.
- Den Partner erreichen.
- Mit der Familie in Frieden auskommen.
- Im Dialog mit mir selber stehen, verstehen, was mein Körper mir sagen möchte.
- usw.

Der innere Dialog

Meines Erachtens steht und fällt die gesamte Kommunikation im Außen mit der in meinem Inneren. Auf der Suche nach einer Verifizierung meines Gefühls, bin ich im Buch „Resilienz" von Dr. med. Miriam Prieß auf das Kapitel des „inneren Dialoges" gestoßen.

Tatsächlich geht es auch bei ihr um den inneren Dialog als wichtigsten Punkt, wenn es um Kommunikation im Außen geht.

„Der innere Dialog ist Dreh- und Angelpunkt, wenn es um die Stärkung der eigenen Resilienz geht. Er ist nicht nur die Grundlage und Voraussetzung für ein authentisches Leben, sondern auch die Grundlage dafür, mit der Welt in den Dialog zu treten."

Die Voraussetzungen für den inneren Dialog sind, ebenso wie für den nach Außen, Kriterien wie:

- Interesse,
- Empathie,
- Offenheit,
- Augenhöhe sowie
- Respekt und
- Wertschätzung.

Da heißt es üben. Wirklich und andauernd bei dir bleiben und üben. Höre, welche Dialoge du mit dir selber sprichst.

Höre genau, was du zu anderen sagst und wie sie reagieren. Arbeit an dir. Stetig und unermüdlich.

Fragen:
Stelle dir ganz konkret folgende Fragen, achte auf die Antworten, die dir dein Bauchgefühl und deine Intuition bieten. Schreibe auf:

Wer bin ich? Beschreibe dich selber.

....

....

....

....

....

Was ist gut für mich?

....

....

....

....

....

Bist du öfter in trauriger Stimmung oder machst dir öfter Sorgen? Warum?
Begründe.

....

....

....

....

Wie lange brauchst du, bist du dich aus solch einer Stimmung bringst? Wie
schaffst du es?

....

....

....

....

....

....

Gehst du offen auf Menschen zu? Oder bist du lieber alleine? Warum? Begründe.

....

....

....

....

....

Bist du neugierig und bestrebt neue Erfahrungen zu machen? Oder stehst du Neuerungen eher vorsichtig gegenüber? Warum? Begründe.

....

....

....

....

....

Gehst du lieber Kooperationen ein oder liebst du den Wettkampf? Warum? Begründe.

....

....

....

....

Bist du spontan oder planst du lieber genauer deine Unternehmungen?
Warum? Begründe.

....

....

....

....

....

**Lass deine Antworten nun einen Tag ruhen und lies sie dir aus einer
neutralen Sicht am nächsten Tag durch.**

Erkenne an Hand deiner Antworten und der Wortwahl, wo du unter Umständen zu streng mit dir bist.

Oder wo du es an Wertschätzung dir selber gegenüber fehlen lässt. Beobachte auch deine Gedanken, wie du selber mit dir umgehst.

Wenn du dir selber nicht auf Augenhöhe (Wertschätzung) begegnest, wird
es nahezu unmöglich, anderen auf Augenhöhe zu begegnen.

Und Wertschätzung braucht es, um Empathie leben zu können. Im ersten
Schritt öffnest du die Türe zu deinem Innersten und nimmst Abschied von
deinen Vorstellungen über dich, die schon lange nicht mehr stimmen.

Überlege, wo du gestresst reagierst, wenn andere etwas von dir erwarten.

Bist du noch das, was andere in dir sehen?

Gehe Rolle für Rolle in deinem Leben durch und überprüfe sie, ob du sie noch
möchtest.

Ob du sie genauso noch leben möchtest oder ob da und dort Veränderung notwendig ist, damit du dich wieder wohl fühlst.

Das ist wie das Ausmisten deiner Wohnung im Herbst.

Schau dir alle Vorstellungen von dir an, die du findest und frage dich, ob sie noch zutreffen. Wenn nicht, verabschiede sie. So bekommst du Platz für dein wahres Selbst.

---

*Resilienz basiert auf der Bereitschaft, eigene
Schwächen zu erkennen und mit ihnen umzugehen.*
Dr. Miriam Prieß, Resilienz

Übung: Brief an dich

Kaufe dir schönes Pergamentpapier oder ein anderes feines Papier. Dazu einen schönen Stift, vielleicht Gold, oder eine Füllfeder. Dann schreibe dir selber folgenden Brief, hänge ihn dort auf, wo du ihn jeden Tag siehst und erfreue dich daran.

An mich.

Ich bin wertvoll.
Ich bin es mir wert.
Ich bin mir diese Arbeit an mir selber wert.

Ich weiß das, denn ich kenne mich tatsächlich.
Der Weg zu mir selber ist ein Prozess, der alle Lebensbereiche ergreifen wird. Über diesen Weg stärke ich meine Resilienz und werde innerlich stärker.

Ich bin stärker und stärker jeden Tag.
Ich erlaube mir, ein authentisches Leben zu führen.

Ich bin offen mir selber gegenüber auf meinem Weg.
Denn vor wem sollte ich mich verstecken?
Ich erkenne, wer ich bin.
Und akzeptiere mich, so wie ich bin.
Ich liebe mich, so wie ich bin.

Mit allen Stärken, Kenntnissen und Erfahrungen, aber auch mit meinen Schwächen und besonderen Eigenheiten.
Sie gehören zu mir.
Sie machen mich aus.
Ich bin wertvoll.
Ich liebe mich.

Datum, Unterschrift

Notizen:

Die Augen sprechen mit

Hier noch ein Abstecher zu den Augen. Ich habe lange überlegt, ob ich diesen Beitrag erwähnen soll. Schließlich habe ich mich dazu entschlossen, denn die Augen gehören zur Kommunikation.

Wenn du einem anderen Menschen wirklich in die Augen schaust, dann ist das wie eine Berührung.

Du nimmst dein Gegenüber wahr, zeigst damit, dass er/sie da ist. Angenommen ist.

Fehlt der Augenkontakt, dann fühlt sich das irgendwie „komisch" an. Das kennst du sicher – vielleicht hast du auch das Gefühl, als wolle der andere etwas verbergen. Sich selber verbergen.

Der schönste Blick ist der weite, einladende Blick.
Kein kecker Blick, sondern ein einladender.
Du öffnest dich dem anderen, zeigst ihm, dass du ihn wahrnimmst und bereit bist, ihm zuzuhören.

Als Kinder haben wir immer das Spiel „Niederstarren" gespielt. Wer länger dem anderen in die Augen schauen kann, ohne zu zwinkern, hat gewonnen. Das ist damit nicht gemeint, obwohl es ein gutes Training ist, was die Fähigkeit betrifft, die Augen länger geöffnet zu halten, ohne zu zwinkern.
In dem kleinen Büchlein „Körpersprache des Erfolgs" von Samy Molcho, Pantomime, Schauspieler und Regisseur findest du weitere wichtige Aspekte der Kommunikation – unserer Körpersprache und natürlich die unseres Gesprächs-partners.

Gerade wenn du mit Menschen arbeitest oder viel Kundenkontakt hast, kann es für dich von unschätzbarem Wert sein, wenn du dich mit der Körpersprache auseinandersetzt.

„Körpersprache des Erfolgs" sowie Samy Molchos Longseller wie z. B. „Alles über Körpersprache" sind dabei unersetzlich.

Der Augenkontakt hat einen sehr wichtigen Einfluss auf den Erfolg deines Gespräches. Du möchtest, dass sich dein Partner öffnet, du sein Vertrauen gewinnst und ihn schließlich motivieren kannst.

Und das gelingt dir, indem du ihn absolut ernst nimmst und ihm deine volle Aufmerksamkeit widmest. Du öffnest die Augen und richtest sie auf deinen Gesprächspartner. Dein Blick soll ihn dabei nicht fixieren. Ein Fixieren bedeutet immer Kontrolle und Beobachtung. Um diesen Eindruck zu vermeiden, empfiehlt Samy Molcho, den Kopf leicht zu neigen.

Samy Molcho: „Wir blicken ihm nicht starr ins Auge, sondern beziehen ihn als Ganzes in unser Blickfeld ein. Wir lassen die Augen leicht über sein Gesicht, über Hals und Brust gleiten, um eine Fixierung auf sehr natürliche Art und Weise zu vermeiden. Wir verteilen unser Interesse über sein ganzes Energiefeld."

Neige den Kopf etwas zu Seite, schaue dem Partner unmittelbar mit Interesse in die Augen, ohne ihn jedoch zu fixieren. Und lächele. Ein wirkliches Lächeln beginnt stets bei den Augen. Die Gutmütigkeit und Menschlichkeit geben sich durch die Augen zu erkennen. Ein offener und weicher Blick signalisiert Interesse und Entgegenkommen und ist ein und dasselbe wie ein lächelnder Blick.

Die Sprache des Lebens - Gewaltfreie Kommunikation

Das Modell „Gewaltfreie Kommunikation" (GFK) von Marshall B. Rosenberg in den 1960er Jahren entwickelt, wird auch „Sprache des Lebens" genannt.

Es ist ein machtvolles Werkzeug, um persönliche, berufliche, aber auch politische Konflikte friedlich beizulegen.

Im Grunde geht es darum, dass ich ganz in mir selber verankert bin und aus dieser Grundhaltung jede Äußerung eines anderen Menschen als das annehme, was sie ist:

Sie macht mich nicht nieder, sondern dient dazu, mir etwas von ihm mitzuteilen, Aufmerksamkeit zu erlangen oder Bedürfnisse zu kommunizieren.

Ich brauche mich daher nicht angegriffen zu fühlen, sondern kann mich diesen Bedürfnissen widmen.

Besonders wir Frauen sind jahrhundertelang in eine Opferhaltung gepresst worden und mussten unsere eigenen Bedürfnisse verleugnen, um andere zu pflegen oder für sie zu sorgen. Wir wurden dazu erzogen, es als unsere höchste Pflicht anzusehen, uns um andere zu kümmern. Dabei haben viele von uns gelernt, ihre eigenen Bedürfnisse zu ignorieren.

Wenn nun diese Frauen, die ihre eigenen Bedürfnisse zu ignorieren gelernt haben, um etwas bitten, dann werden sie das auf eine Art und Weise tun, die ihren Glauben widerspiegelt, sie hätten nicht wirklich ein Recht auf ihre Bedürfnisse oder sie wären unwichtig.

Im Buch „Gewaltfreie Kommunikation" von Marshall B. Rosenberg wird ein Beispiel gebracht:

„Nach einem arbeitsreichen Tag kommt eine Frau müde von der Arbeit nach Hause und möchte etwas Zeit für sich selbst.

Sie sagt zu ihrem Mann: „Du weißt ja, dass ich heute nicht einen Moment Zeit für mich hatte. Ich habe die Hemden gebügelt, die Wäsche von der ganzen Woche gewaschen, war mit dem Hund beim Tierarzt, habe Essen gemacht, die Pausenbrote geschmiert und die Nachbarn wegen des Haustreffens angerufen, also (flehend) … wie wär's, wenn du …?" Als umgehende Antwort kommt das „Nein" von ihrem Mann.

Ihre wehleidig hervorgebrachte Bitte ruft Widerstand statt Mitgefühl bei ihrem Mann hervor. Ihm fällt es schwer, die Bedürfnisse hinter der Klage zu hören und ernst zu nehmen.

Außerdem reagiert er negativ auf ihren schwachen Versuch, zu argumentieren, was sie von ihm bekommen „sollte" oder sich es „verdient" habe.

Am Ende ist sie wieder überzeugt davon, dass ihre Bedürfnisse nicht zählen. Sie merkt nicht, dass sie ihre Wünsche auf eine Art und Weise zum Ausdruck gebracht hat, die zu einer positiven Reaktion wenig beitragen."

Wenn wir unsere Bedürfnisse nicht ernst nehmen,
tun andere es auch nicht.
Marshall B. Rosenberg; Gewaltfreie Kommunikation

Meist liegt auch hier wieder der Grundstein in unserer Ursprungsfamilie oder Kindheit, wenn wir hörten oder fühlten: „Darum darfst du nicht bitten! Du weißt doch, dass wir sparen müssen / arm sind / ihr viele Kinder seid. Glaubst du, du bist die Einzige, die etwas haben möchte?"

Je öfter sie solche Aussagen hören, desto mehr bekommen Kinder Angst davor, dass ihre Bitten nur zur Ablehnung und Verurteilung führen und sie werden um nichts mehr für sich bitten.

So sprichst und schreibst du

Wir fangen mit sensibilisiertem Bewusstsein für Sprache und ihre Wirkung an, klar, eindeutig und wohlwollend zu kommunizieren.

Roswitha von Scheurl-Defersdorf, studierte Sprachwissenschaftlerin, gelangte durch den bekannten Zufall zur Erkenntnis, dass Sprache sagt, was wir denken. 2005 entwickelte sie ihr Konzept unter dem Namen Lingva Eterna® (ewige Sprache) und ging damit an die Öffentlichkeit.

Neben dem Buch „Lingva Eterna®, Seminaren und Ausbildungen entwickelte die Autorin auch ein Kartenset, um in spielerischer Art und Weise einge-schliffene Denkmuster für uns sichtbar zu machen.

Statt des Satzes:

„Ich will nicht zu spät kommen." ist besser:

„Ich will rechtzeitig da sein."

Oder statt:

„Lass die Flasche nicht fallen!" wäre besser:

„Halte die Flasche gut fest."

Übung mit dem Wort:

Mit dieser Übung (aus dem Buch Lingva Eterna®) gehst du wie ein Detektiv auf die Suche nach deinem persönlichen Sprachmuster. Fange aber immer bei dir selber an – andere zu korrigieren und selber nicht mit gutem Beispiel vorangehen, erzeugt schlechte Stimmung.

Überlege dir, was genau mit den Sätzen ausgedrückt wird und welcher Wunsch eigentlich dahinter steht.
Wandle dann die Sätze so um, dass klar und wertschätzend genau das gesagt wird, was als Wunsch dahintersteht.

Ich *beschwere* mich bei meinem Bruder.

....

....

....

....

Ich will *nicht* zu spät kommen.

....

....

....

....

....

Könntest du mir bitte *etwas* zu trinken bringen?

....

....

....

....

....

Eigentlich lese ich *ziemlich* gerne.

....

....

....

....

....

Die Arbeit gefällt mir *ganz* gut.

....

....

....

....

....

Ich möchte *irgendetwas* zu essen.

....

....

....

....

....

Gibst du mir *endlich einmal* mein Buch zurück?

....

....

....

....

....

Übung: Stelle dich richtig vor:

Überlege einmal, wie du dich anderen vorstellst.

Da gibt es Unterschiede, die jeweils mehr oder weniger Selbstbewusstsein zeigen.

Manche sagen: „Ich heiße Müller, Hans."
Und drücken damit aus - ich bin einer von den vielen Müllern. Der Hans.

Einer von Vielen zu sein ist nicht so wertvoll, wie *der* eine zu sein.
Der Hans Müller.
Weitaus besser ist also: „Ich heiße Hans Müller."

Aber noch genialer ist Folgendes: Statt sich mit „Mein Name ist …" oder „Ich heiße …" mit „Ich *bin* Susanne Meier." vorzustellen.
Das hat viel mehr Kraft und Bewusstsein: Ich bin.

Übung: Abkürzungen vermeiden

Ebenso ungenau kommunizieren wir, wenn wir Sätze abkürzen.
Dabei bemerken wir oft gar nicht, dass sich dabei die Bedeutung verändert.

Beispielsweise könnte der Gruß „Grüß Gott" fälschlich als Befehl aufgefasst werden, Gott zu grüßen. Doch im Ursprung ist es ein Wunsch: „Grüß(e) dich Gott."

Ebenso das hingeworfene „Morgen", das eigentlich rein gar nichts bedeutet, so alleine wie es da steht.

Eigentlich ist hier ebenso ein Wunsch gemeint: „Ich wünsche dir einen guten Morgen".

Hier hast du Platz für noch mehr Sätze:

....

....

....

....

....

....

....

....

....

....

....

....

Notizen:

Das Wörtchen: müssen

Und wieder einmal möchte ich dem Wörtchen „müssen" auf den Leib rücken. In zahlreichen Artikeln im Laufe meines Lebens habe ich es schon zerkaut und mehr oder weniger ausgemerzt.

Im Großen und Ganzen gelingt es mir, dieses Wort nicht mehr zu benutzen – es steckt für mich immer ein Zwang dahinter. Wenn ich den nicht tatsächlich habe, dann meide ich es, Zwang auszudrücken, wo vielleicht Wille oder eine Möglichkeit stecken.

Eigentlich kam es mir „unter die Räder" als ich meine Kinder in den Kindergarten brachte, und sie antrieb mit dem Satz: Die Mama muss arbeiten gehen." Es gab jeden Tag Geschrei und Weinen.

In einem Buch las ich dann über den Druck, den das Wort erzeugt. Ich probiere es gleich am nächsten Tag aus und sagte: „Die Mama will arbeiten gehen."

Und tatsächlich, die Kinder verabschiedeten sich und gingen spielen. Kein Theater mehr. Es war verblüffend.

Auch Lingva Eterna® rechnet mit dem Wort „ab". Im deren Seminar werden sogar Übungen zum Wort „müssen" gemacht. Dabei spricht ein Seminarteilnehmer einen anderen an und sagt ihm einen Satz oder eine Botschaft, die aus mehreren Sätzen besteht. Im ersten Durchgang wird das Wort „müssen" eingeflochten.

Das führt weder in einen Dialog noch in ein Rollenspiel. Es geht einzig darum, zu erfühlen, was beim Angesprochenen ankommt und welche Ausstrahlung der Sprecher bei der jeweiligen Formulierung hat. Fazit ist, dass das Wort „müssen" sowohl in der Körpersprache als auch im Sprach-ausdruck viel Druck beim Empfänger auslöst.

Bei der sprachlichen Alternative zu „müssen" ist der Druck weg, dafür wächst die Bereitschaft, mitzumachen. Das funktioniert aber auch bei uns selber. Wenn du dir also ständig sagst: „Ich muss noch einkaufen. Ich muss noch bügeln. Ich muss diese PP fertig machen ... - dann erzeugst du dir mehr Druck als notwendig ist.

Übung zu „müssen"

Probiere diese Übung mit anderen Menschen, deiner Familie, deinen Kollegen. Bitte sie um ein „Experiment" und sprich einige deiner üblichen Sätze.

Achte auf das Wort „müssen", achte auf deine Gefühle, wenn du es aussprichst, achte auf deine Körpersprache.

Wie geht es dir dabei?
Wo empfindest du Druck?
Womit kannst du das Wort „müssen" ersetzen?
Bitte nun auch deine Experimentierpartner um ihre Beobachtungen und Gefühle.

Probiere das jetzt öfter aus, spiele mit Alternativen zum Wort „müssen" herum. Beobachte dich auch in den kommenden Tagen und Wochen.

Wie oft kommt dieses Wort in deinem Wortschatz vor? (Auch oder besonders im Gespräch mit sich selbst!)

Achte jeweils auf die unterschiedlichsten Gefühle, die sich dadurch bei dir auftun. Und schließlich ändere langsam deine Sprache, deine Ausdrucksweise, und ersetze das Wort „müssen" mit anderen Worten, wie
- Ich darf.
- Ich wähle.
- Ich will.

- Ich habe die Chance.
- Ich habe die Möglichkeit.
- Es tut sich ein Tor auf.
- Ich entscheide mich für …
- …

Werde kreativ!

Notizen:

Das Muster

... ist in jedem Menschen anders und bewirkt dessen persönliche Wahrheit oder Wirklichkeit.

In diesem Sinn gibt es keine „Wahrheit", die allgemeingültig wäre. Es gibt immer nur eine subjektive Wahrheit.

Wenn sich viele Menschen auf eine solche Wahrheit einigen, dann verstärkt sich diese Wahrheit. Sie wird zur Wirklichkeit für diese Menschengruppe.

Wir sind in einer Kultur aufgewachsen, in der wir uns bei der Begrüßung die Hände schütteln. Das hat irgendwann jemand begonnen – um dem anderen zu zeigen, dass er keine Waffen trägt – und seit damals haben sich alle stillschweigend darauf geeinigt, das als Zeichen der Begrüßung zu sehen.

Ohne zu überlegen, warum das so ist, schütteln wir einander die Hände, wenn wir uns begrüßen, denn das schreibt uns unsere Kultur vor.

Was Viele tun, wird unsere kulturelle Wirklichkeit.

In Japan werden allerdings nicht Hände geschüttelt, sondern man verbeugt sich vor den anderen.

Wenn du jetzt längere Zeit in Japan leben müsstest, dann würdest du diese Art der Begrüßung erlernen, denn es wäre für deinen inneren Wächter überlebenswichtig. Das Verbeugen würde dann auch zu deiner Wirklichkeit.

In dem Moment, wo du ein anderes Wirklichkeitsmodell kennen lernst, erkennst du dein eigenes Modell und kannst beide miteinander vergleichen.

Du wirst dann auch toleranter im Umgang mit religiösen Vorschriften anderer Religionen, denn du weißt, jeder hat sein Wirklichkeitsmodell.

Du kannst wählen.
Und ggf. die Wirklichkeit einer ganzen Gruppe verändern, wenn du Vorteile aus anderen Modellen einbringen kannst.
Dann bist du eine Innovatorin.

Du siehst, weder das Händeschütteln noch das Verbeugen ist eine allgemeingültige „Wirklichkeit oder Wahrheit". (Wenn also jemand etwas Negatives über dich sagt, vielleicht sogar noch mit den Worten beginnt: „In Wahrheit bist du..." – dann weißt du ab jetzt, dass er dir nur seine Sicht von dir mitteilt. Und diese muss mit deiner oder der Sicht von 1001 anderen Menschen nichts gemeinsam haben!)

Das Muster wird in jedem von uns unterschiedlich geprägt von:
- Kindheitsprägung - Herkunft
- Kultur - Sprache
- Religion
- Geschlecht
- Bildung
- Sozialer Status
- Beruf
- Alter
- Weltanschauung
- Politische Einstellung
- Gesundheitszustand
- Persönlichen Erlebnissen

Wechselwirkung - ein Beispiel:

Wir sind in einer Kultur, die uns vorschreibt traurig zu sein, wenn jemand stirbt. (In anderen Kulturen ist das anders.) Wenn jetzt jemand aus deinem

Bekanntenkreis stirbt, dann gelangt der elektrische Impuls der Worte über dein Ohr zu deinem Gehirn.

Entsprechend deinem Kulturkreis wird nun das Gefühl „traurig" ausgelöst. Damit reagiert auch dein Körper auf den Befehl: Dein Oberkörper zieht sich zusammen, du krümmst die Schultern nach innen, lässt den Kopf hängen.

Dein Körper speichert deine Haltung und das Gefühl miteinander ab. Untrennbar.

Wenn du also den ganzen Tag mit nach innen gekrümmten Schultern und hängendem Kopf vor deinem PC sitzt – dann wirkt sich diese Haltung auf dein Gemüt aus. Obwohl niemand gestorben ist, wirst du traurig, weil du deinen Körper entsprechend seinem Programm hältst.

Notizen:

Deine Gedanken kontrollieren

Ein weiterer wichtiger Punkt ist es, deinen Gedankenstrom kennenzulernen. Im Grunde ist es genauso wie beim Sprechen. Es scheint wenig Unterschied zu sein – jedoch:

Gedanken laufen sehr viel subtiler ab.

Und vor allem rascher. Ein kleiner abwertender Gedanke kann so rasch durch dich durchflitzen, dass du es kaum bemerkst.

Ich begann das Spiel mit den Worten und Gedanken vor mehr als 12 Jahren. Und bemerkte, dass es einfacher ist, zuerst seine Worte zu beherrschen und dann seine Gedanken.

Das Training der Gedanken gestaltet sich genau aus diesem Grund langwieriger als das der Sprache. So flüchtig wie Gedanken sind, braucht es besondere Aufmerksamkeit, einen bestimmten zu entdecken. Und der Gedanke, der es „in sich hat", ist besonders flüchtig und rasch dahingedacht.

Du brauchst Konsequenz, um spezielle Gedanken umzudenken.

Denn hier ist der innere Wächter besonders aktiv. Er lässt dich deine Entdeckung genauso rasch vergessen, wie du sie entdeckt hast.
Mir hat geholfen, mich auf ein Thema (Essen, Krankheit, Partnerschaft, Selbstwert, ...) im Leben zu konzentrieren. Nimm nicht gleich dein ganzes Leben her, das wäre zu viel. Suche dir ein Thema aus, mit dessen Ergebnis du in deinem Leben nicht zufrieden bist und beginne darin mit deinen Veränderungen - indem du ab jetzt deine Gedanken kontrollierst.

Nimm dir ein Thema heraus und beginne es zu bearbeiten. Du legst einfach dein Augenmerk darauf. Denn:

---

*Worauf du deine Aufmerksamkeit legst,
das wächst.*

Vielleicht kennst du das ja schon: Kaufe dir zwei idente Blumenstöckchen und stelle sie auf die gleiche Fensterbank. Gieße nur das eine Stöckchen, richte auf das andere gar keine Aufmerksamkeit. Nur das eine wird wachsen. So banal das hier klingt und logisch scheint, weil es vielleicht von dir schon erlebt wurde: Genau so funktioniert das auch in der Gedankenwelt.

Eine Befürchtung aus dem Leben hinausbefördern

Wenn es um eine Angst geht, etwas, was sich noch nicht in deinem Leben manifestiert hat, du aber auf keinen Fall haben willst - dann ziehe deine Aufmerksamkeit davon ab.

Denke nicht mehr daran.
Nie mehr.
Lass einfach den Gedanken daran weg.

Denke also nicht „Ich will nicht arm sein." Lass es einfach weg. Jedes Mal, wenn der Gedanke erneut kommt, lass ihn weg.
Und alle anderen Gedanken, die ähnlich sind oder dasselbe Ergebnis in deinem Leben haben, ebenso.

Gehe nicht näher darauf ein.

Sag „Streichen!" oder noch besser – korrigiere dich ganz offiziell, u. U. so wie ich das mache: „Ah, das möchte ich ab jetzt anders denken: Ich möchte wohlhabend sein." Dann gehst du gleich zum nächsten Schritt über – einer neuen Affirmation.

Es wirkt doppelt und x-fach. Es ist wie das berühmte Schneeballsystem.

Erzähle also nicht herum, dass du befürchtest, kein Geld mehr zu haben, denn du weißt, wie es bei der stillen Post ist: Wenn es weitererzählt wird, am Ende kommt nichts Sinnvolles dabei heraus.

Ich weiß, das ist schwer. Wir wurden so sehr auf das „nicht" konditioniert. Und auf das Jammern. Und darauf, seinen Ballast auf anderen Schultern abzuladen.

Außer er kennt mentale Techniken wie beispielsweise Bruno Kreisky, der ungefähr Folgendes sagte: „Wissen Sie, man kann mir so viele Frechheiten sagen, wie man möchte. Ich stelle mir einfach vor, sie gehen bei einem Ohr hinein, fließen durch meinen Körper bis zu den Füßen und in die Erde hinein. Und die Erde ist so groß, die kann alle Frechheiten der Welt vertragen."

Bleiben wir gleich beim Beispiel mit „arm sein". Ein Unternehmer denkt die ganze Zeit: „Ich hab kein Geld. Das ist zu teuer. Ich darf nicht so viel ausgeben. Ich verdiene nicht genug. Das Geschäft geht schlecht."

Oder wenn es um das Alter und die Gesundheit geht: „Ab 35 beginnt der Zerfall. O weh, jetzt bin ich schon 50. Etc…" und bei jedem Ziehen und Zerren denkt er: „Eh klar, das muss so sein, denn ich bin ja schon so und so alt."

Da das Gehirn ein lernfähiger Muskel ist, reagiert es bereitwillig auf diesen Befehl. Es liefert dir Tag für Tag mehr und immer mehr dieser Gedanken, denn – da du ständig daran denkst, scheinst du genau das haben zu wollen.

Und da du deine Aufmerksamkeit auf genau das richtest, was du sagst oder denkst, wird es in deiner Umgebung plötzlich zu finden sein. Du hörst diese Sätze auf der Straße, in der U-Bahn, in Gesprächen mit Freunden.

Und aus deiner Wahrheit wird eine Wirklichkeit mit anderen Menschen. Es ist nicht die allgemeingültige Wirklichkeit, sondern eure ganz spezielle gemeinsame Gruppenwirklichkeit.

Ganz zu Beginn meiner Tätigkeit hatte ich einmal so dahingeraunzt, dass Excel-Listen schreiben für mich so mühsam sei und ich daher das Rechnungschreiben nicht gerne hätte. Was soll ich dir sagen, genau das hat sich manifestiert. Ich durfte längere Zeit keine Rechnungen mehr schreiben… Seither liebe ich es, Rechnungen zu schreiben.

Wenn es um körperliche Beschwerden geht, dann dauert es länger, bis sich das Denken auf den Körper auswirkt. Der Körper ist relativ träge und hat außerdem noch eine eigene Intelligenz. Doch nach 30 oder mehr Jahren haben die Gedanken ganz sicher Einfluss auf den Körper genommen. Man sieht es an den Falten im Gesicht. Nicht um sonst sagt man „Sorgenfalten". Oder: „Er ist über Nacht vor Sorgen weiß geworden".

Arbeite mit deinen Gedanken

Nimm dir nun dein spezielles Thema (z. B. Gesundheit oder Partnerschaft) und markiere es dir geistig mit einem Leuchtstift. Du möchtest ab jetzt möglichst oft „gestupst" werden, wenn du etwas denkst, das dein Thema in deinem Leben manifestiert.

- Lies vermehrt Bücher zu dem Thema „Gedanken und dein Thema".
- Beobachte dein Leben ringsherum, du wirst sehr viele „Steinchen" für dein Themen-Mosaik finden.

Zuerst wird dir im Außen immer mehr dazu auffallen. Dir werden vielleicht bei anderen Menschen Sätze „ins Ohr hüpfen", die nicht passen oder deren Handlungen auffallen. (Die wirst du aber nicht korrigieren!) Sie werden dir einfach nur auffallen. Als Beispiel, wie du sie bei dir auch entdecken könntest.

Danach werden dir deine eigenen Gedanken bewusst. Da einer beim Einkaufen, wenn du an der Kassa (Ö für Kasse) stehst, dort ein zweiter, wenn du gerade dein Auto einparkst.

Du könntest dich erwischen bei dem Gedanken: „Die Parklücke ist viel zu eng, da bekomme ich wieder Nackenschmerzen, weil ich mich so verrenken muss."

Oder: „Jetzt sind so viele Menschen an der Kassa, da tut mir bestimmt wieder mein Kreuz weh."

Oder: „Das kann ich mir jetzt nicht kaufen, ich habe kein Geld." Oder über den Chef, den Partner, den Kollegen: „Immer kommt er mit so einem Blödsinn daher."

Oder ganz klassisch, weil furchtbar wirksam in so vielem: „Immer ich."

Wenn du einen Satz nur einmal denkst, dann spielt das kaum eine Rolle. Nicht jeder Samen, den wir in die Erde legen, gedeiht. Doch wenn du den Samen gießt, dann wird er unter Umständen anfangen zu wachsen.

Überlege, wie arbeitet das Gehirn? Erst wenn ein Impuls öfter kommt, beginnt es sich etwas zu merken. Erst durch das oftmalige Denken, hebst du deine Gedanken über die Bewusstseinsschwelle und ins Langzeitgedächtnis.

Alles, was wir immer wieder denken, hat unsere Bewusstseinsschwelle bereits passiert. Und wirkt sich auf deine Wirklichkeit aus. Bist du dir bestimmter Gedanken bewusst, dann überprüfe sie, ob du deren Auswirkung in deinem Leben haben möchtest.

Und wenn nicht, lass sie gleich sein. Je kürzer du sie gedacht hast, desto leichter bekommst du sie aus dem Gedächtnis. Ähnlich wie diese Ohrwürmer.

Es ist wie mit den „Trampelpfaden" in einem Park. Da hat sich der Parkplaner so schön die Gehwege ausgedacht, möglichst im Quadrat, und dann gehen die Menschen einfach so kreuz und quer durch die Wiese. Und nach einigen Monaten wird sich der eine oder andere „Trampelpfad" eingebürgert haben. Es spazieren so viele Menschen darüber, dass dort die Wiese nicht mehr wächst.

So ist das mit den Gedanken. Wir denken so oft in unseren persönlichen „Trampelpfaden", dass sie tiefe Spuren in unserem Leben (Gesicht) hinterlassen haben. Jetzt kannst du dir denken, dass sich das nicht so leicht „wegmachen" lässt. Einmal auf die Trampelpfade neuen Grassamen zu streuen wird nichts bringen.

Das braucht Konsequenz. Und Zeit. Und darum ist es gut, wenn du dir für den Anfang nur ein Thema vornimmst.

Bearbeite ein Thema und andere Themen folgen, denn die Themen in unserem Leben hängen zusammen wie Domino-steinschlangen. Scheinbar jedes steht für sich, doch wenn eines fällt, fallen über kurz oder lange alle.

Gedanken zu deinem vorhin ausgewählten „Thema" sind so vielfältig und so bunt verstreut in dein Leben eingeflochten, dass du Zeit brauchst, sie zu finden. Sie zu „hören". Darum markierst du dein Thema auch gedanklich mit einem „Leuchtstift", denn damit beginnen plötzlich alle deine Gedanken, die zu diesem Thema passen, zu leuchten. Und du kannst sie betrachten und abwägen, ob dieser spezielle in dein Leben passt oder nicht.

Dann kannst du deine Gedanken umdenken. Das braucht Zeit.
Das braucht Zeit.

Ich hatte vor kurzem meinen Handtuchplatz im Badzimmer verändert. Jahrelang hing mein Handtuch auf einer bestimmten Stelle. Dann zog ich einen Platz weiter nach oben, damit meine Tochter von ihrem ziemlich weit unten liegenden, für Kleinkinder erreichbaren Platz, auf meinen früheren Platz ziehen konnte.

Was glaubst du, wie lange es dauerte, bis ich nicht mehr zu meinem alten Handtuchplatz gegriffen habe?
Mindestens drei Wochen.
Aber nur, wenn ich aufpasste.

Kaum war ich mit meinen Gedanken woanders, schwupps, schon hatte ich wieder ihr Handtuch in der Hand.

Mittlerweile habe ich mich umgewöhnt, das ist jetzt ein halbes Jahr her. Und doch manchmal – z. B. wenn ich besonders müde bin – greife ich immer noch in die Richtung. Nicht mehr ganz hin, aber doch dreht sich der Körper immer noch in diese Richtung.

Und das betrifft „nur" mein Muskelgedächtnis. Und ich brauche das Handtuch mindestens fünf Mal am Tag.

Was können wir daraus lernen?

Wenn wir etwas an unseren Gedanken verändern möchten, dann dauert es mindestens ein halbes Jahr, bis wir nicht mehr in diese Richtung „zucken". Konsequenz für mindestens ein halbes Jahr und das fünf Mal am Tag.

Öfter denken verkürzt die Zeit der Veränderung.
Darauf sind Affirmationen aufgebaut.

Eine Affirmation ist ein neuer Gedankengang, durch den du einen alten
Gedankengang sozusagen „überspielst".

---

*Dein Gehirn ist dein williger Diener. Sag ihm, was du
möchtest und es wird genau das tun.*

Bis du es erneut umprogrammierst.

Übung zu deinem Thema

- Nimm jetzt also dein erwähltes Thema, - etwas, womit du in deinem
  Leben nicht zufrieden bist.
- Richte deine Aufmerksamkeit auf deine Gedanken zu diesem Thema.
- Beobachte deine Gedanken – und wenn du einen störenden Gedanken
  gedacht und entdeckt hast, lobst du dich dafür, ihn entdeckt zu haben.
- Dann schaust du ihn dir an und überlegst, welche Auswirkung er auf
  dein Leben haben könnte. (Denk an die „Trampelpfade".)
- Du schaust, wo und wie sich dieser Gedanke auf dein Leben auswirkt
  – also nach einem Beweis für deine These.
- Wenn du die Auswirkung gefunden hast – nicht schimpfen mit dir.
- Erkenne einfach den Zusammenhang. Meist genügt das schon.
- Denke auch einfach, dass du diese Auswirkung nicht in deinem Leben
  haben und daher diesen Gedanken nicht mehr denken möchtest.
- Beobachte weiterhin, ob der Gedanke wiederkommt.
- Kommt er wieder – gehe zu Punkt 4 und schaue, ob du etwas über-
  sehen hast.
- Mach das so mit allen Gedanken, die du zu deinem Thema findest und
  bleibe für mindestens ein halbes Jahr auf deinem „Wachposten" zu
  diesem einen Thema.
- Beobachte, wie sich deine Wirklichkeit ändert.

Du siehst, der Weg ist etwas länger.

Aber wir haben ja auch einige Zeit gebraucht für unsere persönlichen „Trampelpfade".

Meist schon ein Leben lang.

Um hierher zu kommen, wo wir gerade stehen.

Notizen:

Persona

Reflexion: Bin ich gut drauf?

Denke einmal an einen Moment, in dem du dich richtig, richtig gut gefühlt hast:

Wie war deine Körperhaltung?

Gerade und eher hoch aufgerichtet?

Offene Arme, breiterer Stand, das Gesicht erhoben, vielleicht hat ein Lächeln in deinen Mundwinkeln gesteckt, der Schalk aus deinen Augen geblitzt?

Beschreibe es:

....

....

....

....

....

Und nun denke einmal an einen Moment, in dem du dich nicht so
gut gefühlt hast:

Wie war deine Körperhaltung?

Zusammengesunken?

Die Schultern hochgezogen, die Brust eingezogen?
Die Arme verschränkt, die Beine dicht zusammen oder über-
einandergelegt, der Kopf leicht gesenkt?
Die Lippen ein wenig verkniffen, die Augen sogar ein wenig
schmaler, als sonst?
Was ist mit deiner Stimme?
Hörst du dich anders an?

Beschreibe es:

....

....

....

....

....

Du merkst schon, worauf es hinausläuft, oder?

- Deine Stimmung hat Einfluss auf dein Auftreten!
- Dein Auftreten drückt deine Stimmung aus!

Weißt du, dass das Ganze auch umgekehrt beeinflussbar ist?

Du kannst deine Stimmung ein Stück weit selbst steuern.

Indem du dich zum Beispiel an Tagen, an denen du dich nicht so richtig gut fühlst, in deine Lieblingsklamotten wirfst.

Oder in die Kleidung, die das, was du ausdrücken möchtest, für dich passend unterstreicht. (Schick machen für den Termin, zum Weggehen, für besondere Anlässe, bspw.)

Nach Außen
Du kannst also auch über den **Stil deiner Kleidung** Einfluss auf deine Stimmung nehmen.

Du kannst bewusst deine Körperhaltung aufrichten:

Kopf hoch, Brust raus, Bauch rein – du kennst die Formulierung, stimmt's?

Sie stammt ja eher aus dem militärischen Bereich, wo strammgestanden werden muss, um ranghöheren Soldaten sowohl dem Respekt, als auch die Bereitschaft zur Entgegennahme von Befehlen, zu signalisieren.

In gewisser Weise stehen wir dann für uns selbst bereit.

Wir zeigen uns, und nach außen, die Bereitschaft es mit dem Tag, dem Thema, der Situation aufzunehmen.

Und entscheiden uns bewusst dafür, dies **proaktiv zu tun** und nicht passiv und reaktiv.

Es ist dann auch **in deiner Stimme** zu hören:
Wenn du sprichst, hört sich deine Stimme klar an, die Aussprache ist deutlich, die Modulation des Gesprochenen lebendig.

Du gibst dir durch das Mit-Steuern deiner Stimmung einen Motivationsschub, einen Auftrag, ein Ziel, das dir hilft, das innere Unwohlsein leichter zu überwinden.

Du erinnerst dich?

„Menschen mit Charisma zeichnen sich durch ihren Gesichtsausdruck, ihre Körpersprache und Stimme aus."

Erkenne deine Muster in deinen Texten

Positive Formulierungen – gehirngerecht Schreiben

Das Arbeiten an Wörtern ist ein Prozess. Ich persönlich arbeite seit gut 14 Jahren daran.
Und ich sage dir, es ist ein Fass ohne Boden. Aber besser jetzt beginnen als nie. ;-)
Ich habe damals damit begonnen, das, was ich gerade im Begriff war zu sagen, noch ein zweites Mal zu überdenken.

Und meinen inneren Beobachter" einzuschalten. Das ist eine Instanz, die mir völlig neutral und wertfrei Meldung gibt, wenn ich etwas sage, tue oder fühle, das jetzt für meine Entwicklung wichtig ist. Diese Rückmeldung konnte ich dann betrachten und wenn ich ein Thema erkannte, daran arbeiten.

Der erste Schritt war also bei mir über das Sprechen, einige Zeit später weitete ich diese „Kontrolle" aus auf mein Denken. Ideal waren da beispielsweise lange Autofahrten über die Autobahn.

Du glaubst gar nicht, was ich da alles entdeckte.

Seitdem rede ich ein bisschen langsamer, weil ich immer wieder zwischen zwei Wörtern abwäge. Das bemerkst du auch in meinen Filmen:
https://www.youtube.com/channel/UCfbhWYEOiDf3hF6SUw_DUTw

Da unsere Ausdrucksweise tief in die Kindheit zurückgeht, kommst Du bei dieser Arbeit mit dir selber in Berührung.

Und darfst an dir arbeiten.

Außerdem erweiterst du deinen Wortschatz.
Denn wir alle haben eine gewisse Anzahl von Wörtern, die wir immer benutzen.

Das ist für unser Gehirn sehr praktisch, weil wir so rasch Zugriff haben und schneller sprechen können.

Wenn du also ein Wort bei dir bemerkst, dass du regelmäßig verwendest, dann suche dir im Buch „Entdecke die Macht der Sprache" die Bedeutung dazu. Gefällt sie dir nicht, suche dir ein paar neue Wörter, die besser passen.

Sei beim Entdecken deiner Sprachmuster geduldig
mit dir und bleib am Ball!

Deine Texte überarbeitest du einfach in einem zweiten Kontrollgang ausschließlich auf positive Formulierungen.

Beispielsweise „Sag das nicht!" könnte zu einem: „Formuliere es anders." werden.

Das: „Das schaffst du sowieso nicht." (Leider kommt das in Schulen immer noch vor) könnte zu einem: „Man sieht deine Bemühungen." werden.

Oder aber, und das ist mein Lieblingsunwort: „Ich muss arbeiten gehen." Das kann zu einem machtvollen „Ich will arbeiten gehen" werden.

Mehr Klarheit im Text für deinen Kunden

Wie schreibst du jetzt Texte, die Klarheit bringen?

Wieder beginnen wir mit deinem Kunden. Die schriftliche Kommunikation hat einige Herausforderungen. Mehr darüber liest du unter https://www.akademie-schreiben-lernen.at/kommunikation-texte-schreiben-die-dein-kunde-versteht/

Ja nachdem, wie seine Muttersprache ist, seine Bildung, sein Wohnort (ja, denn Wörter haben auch regional einen unterschiedlichen Gebrauch), wird deine Formulierung etwas anders sein.

Beispielsweise – und ich kann da nur für Österreich sprechen:
Ist in Oberösterreich die „Jause" eine Brettl-Mahlzeit mit Brot und kalter Platte, tendenziell das Abendessen. Ist in Wien die „Jause" der Kuchen mit Kaffee am Nachmittag. Das kann nicht hinhauen, wenn sich zwei Menschen zur Jause verabreden...

Nachfragen hilft.

Und anstatt sich auf eine „Jause" zu verabreden, macht man entweder ein Abendessen aus oder trifft sich auf einen Kaffee.

Du siehst, generell hilft nur eines: Nachfragen. Auch dann, wenn es um deine Dienstleistung, Freebie oder Produkt geht. Mehr darüber liest du im Buch „Content Marketing: Dein Wunschkunde und sein Traum"

So bringst du deine Texte in Stimmung

Ehe du dich ans Texten machst, darfst du dich also in Stimmung bringen. Das hast du jetzt klar erkannt. Da deine Laune, deine innere Einstellung und dein Gedankengut in deinen Texten unterschwellig auf deinen Leser wirken, ist es wichtig, sich selber so einzustimmen, dass der Text keine Magenschmerzen beim Leser erzeugt.

Jeder gute Coach macht es ebenso.
Wir sind alle Menschen und so passiert es, dass uns äußere oder innere Zustände stark beschäftigen. Mit einer derartigen Stimmung einen Kunden zu empfangen, wäre höchst fahrlässig.
Ebenso sehe ich das mit dem Texten.

Bringe dich also selber soweit in Stimmung, dass dein Leser von deinem Text profitieren wird.

Da wären also die äußeren Komponenten:

* Müde / ausgeschlafen sein?
* Satt / hungrig?
* Wohlfühlkleidung?
* Ort, an dem du Ruhe und Muse hast?
* Genug Wasser zum Trinken?

Dann die inneren Komponenten:

* Bringe dich 20 Minuten vorher schon in Stimmung: Lächle!
* Langfristig: Arbeite an deinem Wortschatz. Vermeide Wörter, die den Leser langweilen, ermüden oder ihn abturnen.

Stilistisches:
Ganz besonders interessant bei diesem Thema sind die Verben.

Da wir durch Verben Bewegung in den Text bringen, kannst du durch deine Verben den Textfluss verlangsamen, Spannung hineinbringen oder aber auch beim Leser Übelkeit erzeugen. Jeder Krimi oder jede Horrorgeschichte lebt von Verben.

Zu den Verben habe ich im Schreibbootcamp von Tom Oberbichler einen Beitrag gebracht – das Video findest du unter diesem Link:
https://www.youtube.com/watch?v=g60E_-SgaUA&feature=youtu.be

Tunwörter (Verben) werden auch Tätigkeitswörter genannt – und das zu Recht!

Sie bestimmen das Tempo:
Treiben dich an.
Stoppen dich.
Bringen Melodie in den Text.
Und erreichen dein Herz.

Wenn du Zweifel hast, dann verwende statt des Hauptwortes ein Tunwort. Zweifle also häufig!

Notizen:

Kniffe für deinen Text

Für jede Wortart gibt es ein paar Kniffe. Die lernst du in meinem Kurs „Werbetexte schreiben lernen". Hier habe ich dir einen Auszug davon notiert.

Aktiv bleiben:
Schreibe den Satz immer *aktiv*.
Der Satz, der *passiv geschrieben wurde*, ist schwerer zu lesen.

Außerdem bleibt unklar, wer es getan hat. Und du möchtest deinem Kunden doch ein klares Angebot stellen? Nichts verschleiern?

Konjunktiv (Möglichkeitsform) vermeiden
Vermeide den *Konjunktiv*.
Wie *würde* denn das aussehen?

Ja wie fühlt sich das an? Und vor allem, wie klingt das?

Vergleiche:
Ich *würde* Ihnen gerne ein Angebot machen.
Ich mache Ihnen gerne ein Angebot.

Ich *würde* mich freuen, von Ihnen zu hören.
Ich freue mich, von Ihnen zu hören.

**Finger weg von „leeren" Tunwörter (Verben),
die ein Eigenschaftswort brauchen, um zu leben:**
werden, sein, haben, gehen, sagen – sind einige davon.

Aber es gibt noch weitere:
sich befinden – darstellen – vorliegen – es gibt – es handelt sich um …

Leere Verben machen ein Bild ohne Inhalt

Beispiele:
Der Regen wird stärker.
Was macht das für ein Bild in dir?

Besser: Es schüttet.
Was macht das für ein Bild in dir? (Und du hast 11 Zeichen gespart!)

Positiv bleiben
Schreibe nicht negativ.

Besser: Schreibe positiv.

Stelle dir bitte keinen rosa Elefanten vor.

Der Satz braucht Gedankenarbeit. Zuerst stellst du dir den Elefanten vor, dann musst du ihn wieder ausradieren - durchstreichen - oder wie?

Merke: Bei Verneinungen merken sich die Leser auch nur das Tunwort (Verb):
Übersehen Sie mein Angebot nicht!
Gemerkt wird: Übersehen Sie mein Angebot.

Kräftiger ist:
Beachten Sie mein Angebot!

Auch hier gilt:
Meide Fremdwörter, meide Substantivierungen

Umsetzen geht vor Implementieren

(Lies das einmal laut ;-) Mehr brauche ich nicht zu sagen.
Lang und fremd – wer liest das schon?

P.S. Eine Kundin fragte mich einmal, was wäre, wenn man einen Satz einfach nicht positiv umgestalten könnte? Das ist relativ einfach, dann lass ihn einfach weg. ;-)

Was es sonst noch zu sagen gibt

Der Prozess ist natürlich längerfristig. Wir hoffen, dass wir dich mit diesem Büchlein angeregt haben, dich noch mehr mit dir selber zu beschäftigen und so noch mehr Charisma bei deinem Auftreten und in deinen Texten aus-zustrahlen.

Weiterführend stehen dir Stephanies Kurs oder persönliche Beratung zur Verfügung. Mehr Infos findest du unter https://meinbusiness.spreadmind.de

Zum Thema Text habe ich für dich vorbereitet:
* Buch „Content Marketing: Dein Wunschkunde und sein Traum"
* Buch „Werbetexte schreiben lernen"
* Ausbildung: „Werbetexte schreiben lernen"

Links

https://www.dozentin-mertens.de
https://www.akademie-schreiben-lernen.at
https://www.laspas.at

Weitere Checklisten

Folgende Materialien (Stand 20.10.2018) findest du im Mitgliederbereich der Akademie Schreiben lernen:

Kostenfreies Sternen–Abo

eBooks:
- 3 Schritte zum ersten Werbetext
- Roter Faden für geniale Texte
- 1x1 der Verben
- Sätze kürzen

Planungshilfen:
- Follow-up-Serie
- Planungstool für Newsletter
- Planungstool Mindmap

Checklisten:
- Reizwörter Spamscore
- Formatierung Blogbeiträge
- Customer Journey
- Wissensdatenbank Textwerkzeuge

Videos:
- Blog und Traffic
- Customer Journey
- E-Mail: Absender und Signatur

- So schreibst du eine Einleitung, die Besucher animiert
- Diese Formate brauchen Bilder, damit Menschen und Google dich lieben

Mini-Kurse:
- E-Mail-Marketing (3 Lektionen)
- So verbesserst du deinen Blog (5 Lektionen)
- Arbeite mit Landingpages (3 Lektionen)

Der Mitgliederbereich wird laufend erweitert!

So kommst du zum Mitgliederbereich.
http://bit.ly/2NGRGIx

Kostenpflichtiges Mond-Abo

Lehrvideos (aufbauend) – erstelle deine Text-ID:
- LV 1: Deine Werte und Kommunikation durch Text
- LV 2: „So schreibst du für Business, Traum und Wunschkunde"
- Weitere Lehrvideos mit dem Ziel, dein Text-Konzept zu erstellen

Jedes LV 30 min mit Handout. Monatlich ein neues Lehr-video.

Webinare:

- So schreibst du ein unwiderstehliches Angebot
- SEO&Text – 2 Teile:
  - Teil 1: SEO zum Be-greifen
  - Teil 2: So schreibst du Texte für Mensch und Maschine

Weitere Webinare siehe Webseite der Akademie Schreiben lernen.

(Jedes Webinar 30 min mit Handout)

Alle Infos zum Mond-Abo findest du **hier**.
http://bit.ly/2Chh1kf

Literaturliste

Petra geht ihren Weg: Anleitung Selbstständigkeit (Arbeitsbücher
Akademie Schreiben lernen, Band 1) - Eva Laspas
https://amzn.to/2G6n8dH

**Content Marketing: Dein Wunschkunde und sein Traum: In 9 Tagen
zum idealen Kunden** (Arbeitsbücher Akademie Schreiben lernen, Band 2)
Eva Laspas, http://amzn.to/2h7Qmuj

Werbetexte schreiben lernen Buch (Arbeitsbücher Akademie Schreiben
lernen, Band 3) Eva Laspas,
https://amzn.to/2JzKfA1

Profit First
Mike Michalowicz, Verlag Barbara Budrich, ISBN 978-3847406723
https://amzn.to/2A8EJOv

Buchführung im Flow
Benita Königbauer, ISBN 978-3947735037
https://amzn.to/2Onl71b

Sei deine eigene Grafikerin und mach dein Design selber
Verena Sati, City of Oaks Publishing, ISBN 978-1944260095
http://amzn.to/2jyb1wy

In der Sprache liegt die Kraft
Mechthild R. von Scheurl-Defersdorfer, Verlag Herder,
ISBN 978-3451068775 - https://amzn.to/2CJVD8b

Körpersprache des Erfolgs
Sami Molcho, Ariston Verlag, ISBN 978-3720526562
https://amzn.to/2OTOmtV

Gewaltfreie Kommunikation. Eine Sprache des Lebens
Marshall B. Rosenberg, Junfermann Verlag, ISBN 978-3-87387-454-1
https://amzn.to/2OoHH9O

Erfolg braucht ein Gesicht. Warum ohne Personal Branding nichts mehr geht
Benjamin Schulz, Edgar K. Geffroy, Verlag Redline, ISBN 978-3868816297
https://amzn.to/2CyXWJh

Kreativität gibt es nicht. Wie Sie geniale Ideen erarbeiten.
Wolfgang A. Ehrharter, Verlag Redline, ISBN 978-3868813326
https://amzn.to/2Or7s6a

Jedes Wort wirkt! Bewusste Sprache in der Pädagogik
Mechthild R. von Scheurl-Defersdorfer, Verlag Lingva Eterna,
ISBN 978-3981145458 - https://amzn.to/2U5nMPi

Entdecke die Macht der Sprache. Was wir wirklich sagen, wenn wir sprechen.
Joachim Schaffer-Suchomel, Martina Pletsch-Betancourt, mvg Verlag,
ISBN 978-3868822847 - https://amzn.to/2Ua9bC1

Du bist, was du sagst. Was unsere Sprache über unsere Lebenseinstellung verrät.
Joachim Schaffer-Suchomel, Klaus Krebs, mvg Verlag,
ISBN 978-3636062642 - https://amzn.to/2TuJzvq

Resilienz
Dr. med. Miriam Prieß, Südwest Verlag, ISBN 978-3517093680
https://amzn.to/2OukDU4